BEI GRIN MACHT SICH IHR WISSEN BEZAHLT

- Wir veröffentlichen Ihre Hausarbeit,
  Bachelor- und Masterarbeit

- Ihr eigenes eBook und Buch -
  weltweit in allen wichtigen Shops

- Verdienen Sie an jedem Verkauf

Jetzt bei www.GRIN.com hochladen
und kostenlos publizieren

Der Forderungskauf im Inkassounternehmen als Geschäftsprozess. Modellierung und Darstellung

IT-Management

Bibliografische Information der Deutschen Nationalbibliothek:

Die Deutsche Nationalbibliothek verzeichnet diese Publikation in der Deutschen Nationalbibliografie; detaillierte bibliografische Daten sind im Internet über http://dnb.d-nb.de abrufbar.

ISBN: 9783346709707
Dieses Buch ist auch als E-Book erhältlich.

Druck und Bindung: Books on Demand GmbH, Norderstedt Germany
Gedruckt auf säurefreiem Papier aus verantwortungsvollen Quellen

Das vorliegende Werk wurde sorgfältig erarbeitet. Dennoch übernehmen Autoren und Verlag für die Richtigkeit von Angaben, Hinweisen, Links und Ratschlägen sowie eventuelle Druckfehler keine Haftung.

Das Buch bei GRIN: https://www.grin.com/document/1267486

Management Summary

Trotz der Krise in der Wirtschaft in den Jahren 2009 bis 2011 war kein Rückgang der Investitionen in das Geschäftsprozessmanagement zu verzeichnen. Allein diese Tatsache zeigt in den Unternehmen die hohe Bedeutung vom Geschäftsprozessmanagement.[1] Nachstehende Arbeit beschäftigt sich mit dem Geschäftsprozess "Forderungskauf im Inkassounternehmen". Dieser wurde anhand einer EPK (Ereignisgesteuerte Prozesskette) analysiert. Erst werden die Begriffe der EPK sowie der Begriff des Geschäftsprozessmanagement erklärt. Folgend schließt das zweite Kapitel mit einer skeptischen Begutachtung auf die EPK-Methode ab. Das dritte Kapitel befasst sich mit den Symboliken der EPK sowie der Beschreibung und der grafischen Darstellung des Geschäftsprozesses. Anhand der Prozessbeschreibung werden im vierten Kapitel die Schwachstellen erörtert, benannt und deren Bedeutungen auf den Geschäftsprozess angesprochen. Sodann wurden entsprechende Optimierungen entwickelt um eine Verbesserung des Geschäftsprozess herbeizuführen. Letztendlich schießt die Studienarbeit mit einem Fazit ab.

Despite the economic crisis in the years 2009 to 2011, there was no decline in investment in business process management. This fact alone shows the high importance of business process management in companies.[1] The following work deals with the business process "purchase of receivables in debt collection companies." This was analysed using an EPK (Events-Controlled Process Chain). First, the terms of the EPC and the concept of business process management are explained. The second chapter concludes: with a sceptical assessment of the EPC method. The third chapter deals with the symbols of the EPC and the description and graphic representation of the business process. On the basis of the process description, the weaknesses are discussed, named and their implications for the business process are addressed in the fourth chapter. Appropriate optimizations were then developed to improve the business process. In the end, the thesis is completed with a conclusion.

---

[1] Harmon, 2012 - Business Process Trends

Inhaltsverzeichnins

1.   Einleitung

In der Finanzbranche wird seit 2007, seit der Finanzkrise, die Analyse und die Modellierung von Geschäftsprozessen immer wichtiger. Das zeigt auch die Veröffentlichung der BaFin aus 2017. Hier wird eine Mindestanforderung an das Risikomanagement dargelegt. Dort wurde festgelegt, dass eine Gewährleistung vorhanden sein muss, wo in den Unternehmen mindestens eine jährliche Beurteilung und Identifizierung der operationellen Risiken durchgeführt wird.[2] Hierbei konnte festgestellt werden, dass als Ausgangspunkt für eine Identifikation der Risiken die Prozessmodelle verwendet wurden. Somit konnten auch die Entstehungsorte und die jeweiligen Ursachen der Risiken festgestellt werden.

Nicht nur in der Finanzbranche sondern auch in der Industriebranche spielt die Geschäftsprozessmodellierung eine wichtige Rolle. Die Verwendung dieser, kann in sämtlichen Unternehmenssparten verwendet werden. Sowohl im Wissensmanagement in der Organisationsgestaltung, bei der Unterstützung der Softwareentwicklung, als auch in der Integration von Informationssystemen. Dies ist nur eine kleine Aufzählung von Unternehmenssparten und Branchen, wo die Geschäftsprozessmodellierung ein zentraler Faktor im Unternehmen darstellt. Oft findet man, in besonders mittelständischen Unternehmen, Geschäftsprozesse auf, welche umständlich und ineffizient gehandhabt werden. Aus diesem Grund wird in dieser Studienarbeit ein Geschäftsprozess betrachtet, welcher in der letzten Zeit in der Finanzbranche und insbesondere im Forderungsmanagement immer von größerer Bedeutung wurde. Hier wird der Ablauf eines Forderungskaufes anhand des Unternehmens der Collectia GmbH aus Deggendorf betrachtet. In vielen Inkassounternehmen und Factoringsunternehmen kann dieser Geschäftsablauf effizienter ausgestaltet werden. Dabei wird die ereignisgesteuerte Prozesskette (EPK) als Methode einer Geschäftsprozessmodellierung genutzt.

1.1   Zielbeschreibung und Aufbau

Zur Darstellung des Geschäftsprozesses, werden erstmals im zweiten Kapitel die Begriffsdefinitionen erarbeitet. Zunächst wird das EPK als Grundlage dieser Arbeit herangezogen und erläutert. Das Kapitel wird sodann durch die kritische Betrachtung dieser Modellierungsmethode abgeschlossen.

Das dritte Kapitel beschäftigt sich mit der Prozessanalyse. Dazu wird die Ist-Analyse hinsichtlich des Geschäftsprozesses durchgeführt. Auf die Symbolik und auf die verwendeten Symbole in der anschließenden Modellierung mit der dazugehörigen Geschäftsprozessbeschreibung wird ebenfalls kurz eingegangen.

Das vierte Kapitel erörtert im Nachgang die Soll-Analyse. Hier wird erst auf die Vorgehensweise zur Optimierung des Geschäftsprozesses eingegangen. Im Anschluss werden die Optimierungen behandelt. Ein Fazit rundet die Studienarbeit am Schluss ab.

---

[2] BaFin (2017) - https://www.bafin.de/SharedDocs/Veroeffentlichungen/DE/Rundschreiben/2017/rs_1709_marisk_ba.html

2. Begriffsdefinitionen

Der Stellenwert einer Prozessmodellierung wurde bereits in der Einleitung genannt. Ein EPK ist zur Darstellung eines Geschäftsprozesses ein sehr hilfreiches und unterstützendes Werkzeug. Daher wird nachstehend kurz auf den Aufbau der ereignisgesteuerten Prozesskette und dessen Herkunft eingegangen. Sodann werden die Vorteile gegenüber den Nachteilen einer EPK betrachtet und kritisch untersucht.

2.1 Aufbau und Herkunft der EPK

Die Geschäftsprozessmodellierung ist ein Instrument zur Unterstützung im Prozessmanagement. Sie dient zur Abbildung von Geschäftsprozessen und ist zweckorientiert ausgerichtet.. Sie zeigt den sachlogischen und zeitlichen Ablauf von Vorgehensweisen und Prozessen in den Unternehmen. Ein Geschäftsprozess stellt die Menge aller zusammenhängenden Aktivitäten dar, welche nur gemeinsam im Unternehmen, den Wert der Leistung oder eines Produktes erzeugen.[3]

Durch die EPK können betriebliche Abläufe vereinfacht und grafisch dargestellt werden. Konstruiert wurde sie 1992 an der Universität Saarbrücken. Eine Arbeitsgruppe erarbeitete dieses Konstrukt zusammen mit der SAP AG. Sie sollte bereits von Beginn an rein zur Darstellung der Geschäftsprozesse fungieren und wurde schließlich auch als Darstellungsmethode in die Architektur Integrierter Informationssysteme (ARIS) implementiert. In der ARIS-Architektur stellt die EPK nun ein Fundament dar.[4] In einer semiformalen Modellierung zeigt die EPK die Geschäftsprozesse grafisch dar. Das Ziel hierbei ist die Analysierung und die Verbesserung der Arbeitsabfolgen. Dadurch verspricht man sich eine Einsparung im Zeit- und im Kostenfaktor. In einem gemeinsamen Geschäftsziel enden sodann die einzelnen Geschäftsprozesse der Kette. Innerhalb dieser Geschäftsprozesse gibt es Entscheidungen, diese werden auf der Grundlage von vordefinierten Regeln getroffen. Dazu verwendet die EPK Verknüpfungsoperatoren wie "and" (und), "or" (oder) oder "xor" (entweder oder) Diese Verknüpfungsoperatoren werden im Sprachgebrauch auch Konnektoren genannt. Zu deren Aufgabenbereich gehört auch das "join" (vereinigen) oder "splitt" (aufspalten) von Kontrollflüssen. Durch die Regel
- Ereignisse passiv und Aktivitäten aktiv - gilt folgender Leitsatz von Allweyer; Ein Ereignis verfügt über eine Entscheidungsgewalt, aus diesem Grund ist ein Ereignis nie über einen XOR- oder einen OR-Verknüpfungsoperator zu zwei Funktionen zu splitten![5]

---

[3] Davenport (1993) - Process Innovation

[4] Allweyer (2005) - Geschäftsprozessmanagement

[5] Allweyer (2005) - Geschäftsprozessmanagement

Neben den Operatoren besteht die Basis einer EPK noch aus Ereignissen und Aktivitäten. Am Beginn eines Prozesses steht immer ein Ereignis, welches den Prozess auslöst und dieser endet auch wieder mit einem oder mehreren Ereignissen, welche den Prozess abschließen. Durch Verknüpfungspfeilen oder Verknüpfungslinien werden diese Ereignisse miteinander verbunden. Die Objekte wechseln innerhalb einer Geschäftsprozessmodellierung der EPK zwischen Aktivitäten und Ereignissen. Die Ereignisse können dann den Zustand definieren, welcher ein Informationsobjekt besitzt, bevor eine Aktivität eintritt. Ein solches Beispiel für ein Ereignis ist "Konditionsvertrag versandt". Die Aktivitäten einer EPK stellen die Tätigkeiten bzw. Aufgaben dar, welche auf Ereignisse folgen. Sie sind die Träger von Zeiten und Kosten. Ein solches Beispiel für eine Aktivität ist "Konditionsvertrag versenden". Neben den Ereignissen und Aktivitäten gibt es noch die Organisationseinheiten. Diese sind Teilbereiche eines Unternehmens oder einer Organisation. Das können allerdings auch Kunden, Mandanten, Schuldner oder sonstige Dritte Personen sein, welche in einem Geschäftsprozess eine Rolle spielen. Als Beispiel nennt Allweyer hier die Buchhaltung oder den Vertrieb.[6]

Sofern eine EPK erweitert wird, betitelt man sie als eEPK "erweiterte ereignisgesteuerte Prozesskette". Sodann wird die EPK und dessen Elemente erweitert. Hinzu kommen die Leistungs-, Daten- und Organisationssichten. Dies ermöglicht eine Zuordnung von Organisationseinheiten und Ressourcen. Ein solches Beispiel kann die Eintragung in die "Stammdaten" darstellen.

2.2 Kritische Methodenbetrachtung der EPK

Die EPK wurde bereits hergeleitet, nun wird diese analysiert. Die Vorteile sowie die Nachteile dieser grafischen Modellierungsmethode werden erörtert und aufgezeigt. Zu den Vorteilen der EPK, welche bereits auf den ersten Blick überwiegen, zählt definitiv die einfache Modellierungssprache. Diese ist nicht nur für IT-Fachleute, sondern für alle Anwender einfach und verständlich gestaltet. In der Praxis ist die Modellierungsmethode durch EPK weit verbreitet. Dies ist anhand von den beiden Beispielen der SAP AG und der IDS Scheer AG ersichtlich. Die SAP AG nutzt die Modellierungsmethode für Business SAP Workflows. Die IDS Scheer AG nutzt die Methode als Grundlage zur ARIS eBusiness. Die EPK wird meist in kleinen und mittelständischen Unternehmen genutzt.[7] Durch die Beschreibung der standardisierten Abläufe macht es die Umsetzung leichter und schneller möglich. Auch durch die große Auswahl von verschiedenen Konstrukten, bietet es die Möglichkeit, viele unterschiedliche Arten von Unternehmensabläufen zu visualisieren. Ebenso ist durch die EPK eine komplette Unternehmensmodellierung darstellbar. Dies macht die Implementierung von anderen Sichten möglich. So können Klassendiagramme oder auch Funktionsbäume integriert werden.

---

[6] Allweyer (2005) - Geschäftsprozessmanagement

[7] Allweyer (2005) Geschäftsprozessmanagement

Den Vorteilen werden natürlich die Nachteile gegenübergestellt. Ein nicht zu unterschätzender Nachteil bei der EPK ist das erliegen von komplexen Tätigkeiten. Je komplexer, individueller und umfangreicher die Abläufe bzw. die Tätigkeiten werden, umso unmöglicher macht es die Modellierung mit der Methode durch die EPK. Dies ist meist auch der Hauptgrund, wieso diese Modellierungsmethode bei den großen Konzernen keinen Durchbruch erreichte. Allein die Darstellung von Kontroll- und Überwachungstätigkeiten stellte in der Modellierung ein Problem dar. Ebenso werden die Datenträger und die Organisationseinheiten in Spalten sortiert, dies stellt hinsichtlich der Übersicht eine Schwachstelle dar. Der Wechsel von Datenträgern oder Organisationseinheiten ist schlecht sichtbar.

Schlussfolgernd kann man zusammenfassen, dass die EPK in der Praxis ein gutes Modellierungstool darstellt, da es aufgrund seiner verständlichen Sprache simpel und hilfreich in der Handhabung ist. Allerdings muss erwähnt werden, dass aufgrund der Simpelhaft der EPK eine Modellierung von umfangreichen und komplexen Prozessabläufen eine Einschränkung in der Darstellung vorliegt. Durch die fehlenden Sichten, wann und wie die jeweiligen Entscheidungen getroffen werden, wirkt sich dies als Nachteil für diese Modellierungsmethode aus.

3.   Prozessanalyse - IST-Analyse

Nach der Begriffserklärung im zweiten Kapitel, wird nun die Ist-Analyse erörtert. Zu Beginn werden die Symbole erklärt, welche benötigt werden, um den Prozess grafisch darzustellen. Anschließend wird der Prozess in textform mitgeteilt und grafisch abgebildet. Die Abbildung wird mit der Software "Aris-Express" dargestellt.

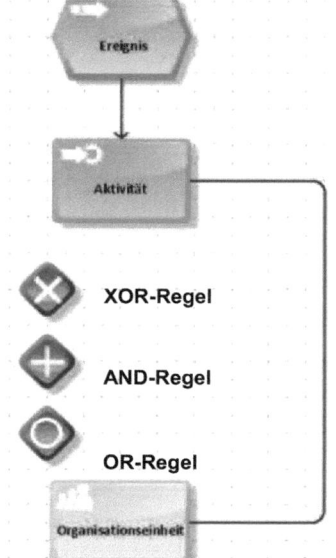

Abbildung 1: Erklärung der Symbole - EPK (eigene Abbildung)

In der Abbildung wurde das Ereignis, gefolgt von einer Aktivität und den benötigten Operatoren sowie die Organisationseinheiten gezeigt. Hier ist erkennbar, dass das Symbol des Ereignisses, ein sechseckiges Symbol darstellt. Eine Aktivität visualisiert man über ein Rechteck, welches abgerundete Ecken enthält. In einem kleinen Kreis mit den Inhalt eines "Plus", eines "Kreises" oder eines "X" werden die Operatoren dargestellt. Eine Organisationseinheit wird ebenfalls durch ein Rechteck mit abgerundeten Ecken visualisiert. Den Unterschied zur Aktivität erkennt man an dem Wasserzeichen in der linken oberen Ecke. Hier werden drei Personen abgebildet. Dies kennzeichnet eindeutig eine Organisationseinheit. Sie wird mit den Aktivitäten durch eine Linie verbunden. Dadurch wird gekennzeichnet, dass eine bestimmte Aktivität über eine dafür zuständige Organisationseinheit ausgeführt werden muss.

3.1 Erklärung und grafische Darstellung des Geschäftsprozesses

Im Inkassounternehmen der Collectia GmbH aus Deggendorf, ergibt sich folgender Sachverhalt bei der Durchführung des Forderungskaufes:

Für den Abwicklungsprozess des Forderungskaufes werden die Unterlagen des Mandanten einzeln zunächst an das Customer Relationship Management weitergeleitet. Treffen diese Unterlagen dort ein, findet eine Prüfung auf Vollständigkeit statt, sodass die Forderung nachvollziehbar belegt und auf die Rechtmäßigkeit geprüft werden kann. Sofern diese vollständig vorliegen, werden die Daten in der Datenbank des Forderungskaufes erfasst. Sollten die Unterlagen unvollständig sein, werden die Fehler korrigiert und die notwendigen Informationen ergänzt.
Im Nachgang wird ein entsprechender Konditionsvorschlag an den Mandanten erstellt. Bevor es dem Mandanten unterbreitet wird, durchläuft es nochmals eine Prüfung durch das Customer Relationship Management und der Finanzabteilung.
Werden hier rechtliche Bedenken oder Fehler geäußert, wird es zurück an das Customer Relationship Management gegeben, um das Kaufangebot zu korrigieren sowie um entsprechender Ergänzung der Informationen. Das Kaufangebot ist sodann erneut in der Datenbank des Forderungskaufes zu erfassen. Wiederum muss ein erneutes Kaufangebot erarbeitet werden und dem Customer Relationship Management sowie der Finanzabteilung zur Prüfung vorgelegt werden.
Werden keine Bedenken mehr geäußert, so ist die Kommunikation mit entsprechender Abklärung mit dem Mandanten erforderlich, da das Kaufangebot oft nicht der gewünschten Kaufpreisauszahlung des Mandanten entspricht. Sofern der Mandant mit dem Konditionsvertrag einverstanden ist, wird dieser an den versandt (durch das Customer Relationship Management). Andernfalls muss der Konditionsvertrag wiederum überarbeitet und geprüft werden.
Werden keine Fehler oder Unklarheiten entdeckt und der Konditionsvertrag entspricht den Vorstellungen des Mandanten, so wird dieser direkt an den verschickt. Das Customer Relationship Management wartet anschließend auf die Rücksendung des gegengezeichneten Kaufvertrages.

Sofern dieser unterschrieben vorliegt, wird die Auszahlung des Kaufpreises veranlasst.

Geht der gegengezeichnete Vertrag jedoch nicht ein, so erfolgt eine weitere Kontaktaufnahme mit dem Mandanten und es wird an die Rücksendung des Vertrages erinnert. Anschließend wartet das Customer Relationship Management wieder auf den Eingang des unterzeichneten Vertrages. Erst wenn dieser vorliegt, erfolgt die vereinbarte Kaufpreiszahlung.

Nachstehend wird der Geschäftsprozess anhand der Software "Aris-Express" in einer EPK grafisch modelliert. Im Anhang eins wird eine weitere Darstellung des Geschäftsprozesses beigefügt. Um die Leserlichkeit zu gewährleisten, wurde die Darstellung auf zwei Teile abgeschnitten, um so eine größere Ansicht der einzelnen Symbole und Beschriftungen zu bekommen.

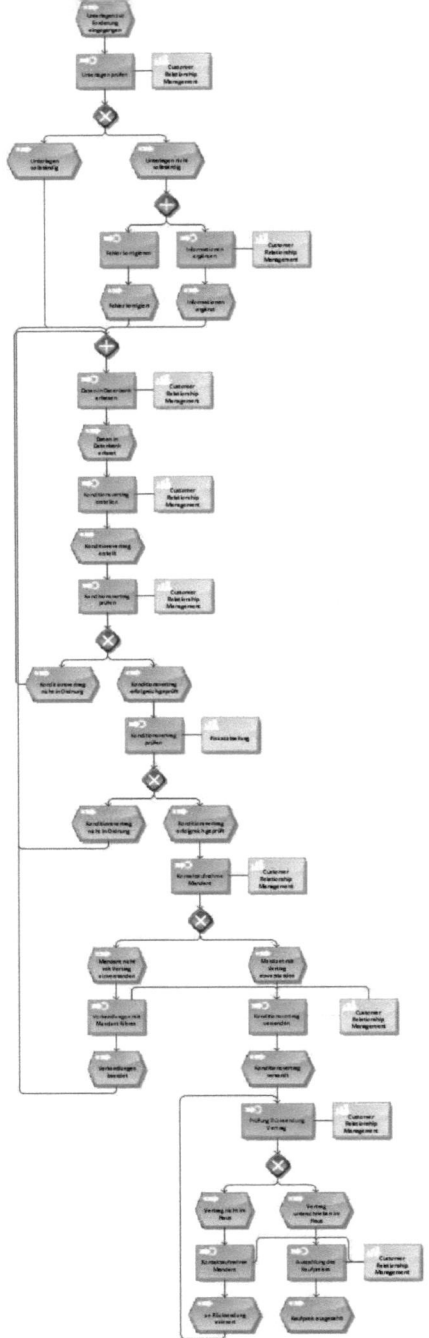

Abbildung 2: Abwicklung eines Forderungskaufes (eigene Abbildung)

4.   Prozessanalyse - SOLL-Analyse

Bei der Ist-Analyse wurde der jetzige Zustand beschrieben, nun wird der gewünschte Soll-Zustand beschrieben, um diesen als Ziel zu visualisieren und die Verbesserungen und Optimierungen als Zielzustand anzustreben.

Die Vorgehensweise ist meist, wie in Abbildung 3 zu erkennen, dass ein entsprechendes Ziel als sogenanntes "Goal Funciton" festgelegt und definiert wird. Derartige Ziele werden vom Geschäftsprozessmanagement oft als Qualitätsverbesserung, Zeiteinsparung, Kostenreduktion und mehr Flexibilität gekennzeichnet. Sofern ein Ziel festgelegt und entsprechend definiert ist, wird im zweiten Schritt nach bestimmten Schwachstellen "Pattern Detection" im bestehenden Geschäftsprozess gesucht. Sofern die Schwachstellen identifiziert wurden, werden Optimierungen und Strategien entworfen, welche im nachgelagerten Schritt implementiert werden. Dies zeigt Schritt drei "Pattern Application".

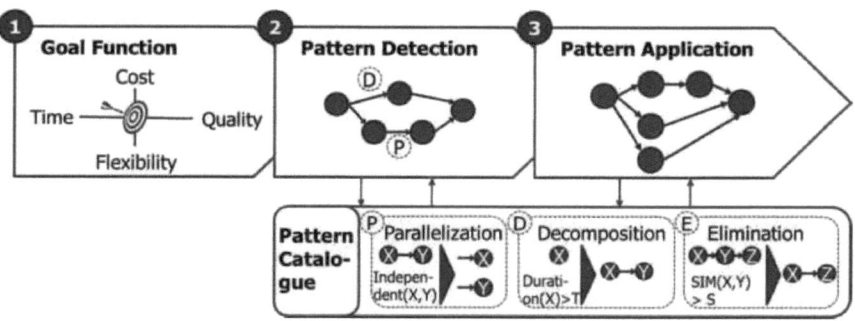

Abbildung 3: Soll-Analyse - Vorgehensweise (Quelle: Niedermann aus 2011, Seite 127)

Die Sollanalyse wurde mit der Vorgehensweise aus Abbildung drei erarbeitet. Im nächsten Kapitel wird nach entsprechenden Schwachstellen gesucht und analysiert. Anschließend werden die daraus resultierenden Optimierungen für die gefundenen Schwachstellen entwickelt.

4.1   Analyse der Schwachstellen

Ein zentraler Punkt des Geschäftsprozessmanagement, ist die Schwachstellenanalyse. Innerhalb einer Organisation oder eines Geschäftsprozesses wird hier nach Fehlerquellen und Schwachstellen gesucht. Dies läuft oft anhand einer Checklist oder eines Fragebogens ab. Lange Durchlaufzeiten, fehlende Zuordnung der Kostenposten oder eine fehlende Definition der Unternehmensziele sind hier oft brisante Punkte.

Im Anhang zwei ist dazu eine Abbildung eines solchen, möglichen Fragebogens. Es ist ein Beispiel aus der Geschäftsstelle des Verwaltungsmanagements. Die genaue Definition der Fragen ist gut erkennbar. Diese Fragen sollen auf der Suche nach eventuellen Fehlern oder Schwachstellen behilflich sein. Sodann werden drei unterschiedliche Schwachstellen benannt und gemeinsam deren Konsequenzen erarbeitet und entsprechend erläutert.

Die nachstehenden drei erarbeiteten Schwachstellen, beziehen sich auf den modellierten Geschäftsprozess.

4.1.1 Doppelarbeiten

Hinsichtlich der Effizienz von Geschäftsprozessen, bilden überflüssige Doppelarbeiten eine der kostenintensivsten Schwachstellen. In der Realität werden diese leider nur all zu selten erkannt und entsprechend gelöst. Tödtmann beschreibt 2006 im Artikel "Zeitverschwendung als Programm") diese Doppelarbeiten als verschwendete Zeit. Dazu nennt er folgendes Beispiel: Der Konzernchef von Daimler-Chrysler hat in deren Arbeitsablaufen die Schwachstellen der Doppelarbeit erkannt und dazu allein in Deutschland in einem Jahr 3200 Stellen gestrichen. Weltweit erstreckte sich die Zahl der gestrichenen Stellen auf sogar 6000 Stellen. Diese gestrichenen Stellen befanden sich ausschließlich in der Verwaltung und im Management. [8]

Aus der Quintessenz von diesen Artikel lässt sich klar erkennen, dass Doppelarbeiten so schnell wie möglich erkannt und auch eliminiert werden müssen.

Diese Doppelarbeiten finden sich auch im beschriebenen und modellierten Geschäftsprozess wieder. Denn hier wird das Kaufangebot sprich der Konditionsvertrag vom Customer Relationship Management sowie von der Finanzabteilung geprüft. Dies bedeutet, dass es nur zu einer Verlängerung des Geschäftsprozesses führt und damit ist automatisch eine ineffizient mithergehend. Das die Fehleranfälligkeit dabei ebenfalls erhöht wird, ist durchaus nennenswert.

Zusammenfassend kann genannt werden, dass bei steigendem Personaleinsatz, die Dauer und die Ineffizienz des Geschäftsprozesses erhöht wird und damit auch die Fehleranfälligkeit steigt.

4.1.2 Organisationsübergänge

In Unternehmen führt das Wechseln von Zuständigkeiten und Organisationsübergängen oft zu Problemen. Ein solcher Organisationsübergang ist ebenfalls im modellierten und beschriebenen Geschäftsprozess vorhanden. Dieser befindet sich bei der Prüfung des Konditionsvertrages. Hier wird der Vertrag erst bei der Finanzabteilung und anschließend im Customer Relationship Management auf Fehler und Unklarheiten geprüft. Es findet nicht nur ein Wechsel

---

[8] Tödtmann (2006) - https://www.handelsblatt.com/unternehmen/management/produktivitaetsstudie-zeitverschwendung-als-programm-seite-2/2684782-2.html?ticket=ST-10434358-zYbO77zj24hvcqRyrsAM-ap3

Übergang führt zu mehreren Problemen. Durch die Kommunikation über verschiedenen Abteilungen können Missverständnisse in der Kommunikation entstehen und die Durchlaufzeit eines solchen Forderungskaufes verlängern. Ein weiteres Problem kann auftauchen, wenn die Prüfung anhand von unterschiedlichen Maßstaben und somit an unterschiedlichen Kriterien durchgeführt wird. Solche Unterschiede können dazu führen, dass die Vertragsverhandlungen mit dem Mandanten nicht zufriedenstellend abgewickelt werden können und es bedarf einer erneuten Erstellung des Konditionsvertrages.

4.1.3 Fehlende Automatisierung

Um Personalkosten einzusparen, nehmen viele Unternehmen eine höhere Automatisierung vor. Dies stellt eine vielversprechende Methode dar, um die unternehmenseigenen Prozesse zu optimieren. Eine derartige Automatisierung bringt jedoch auch seine Schwierigkeiten mit sich. Die Vermeidung des Verlustes an der Servicequalität oder der Produktqualität und das entsprechende Alleinstellungsmerkmal bringt einen hohen Anspruch an das Projektmanagement mit sich. Der Automobilhersteller Lamborghini zeigt hier ein gutes Beispiel. Sofern dieser alle Tätigkeiten um die Produktion herum automatisieren würde, gehen nicht nur deren hohen Umsätze verloren, sondern auch der Charme der Produktion. Durch die viele Handarbeit des Lamborghini versprechen sich deren Kunden eine gewisse Exklusivität und die entsprechende Qualität, die dadurch nicht mehr vorhanden wäre. Nichtsdestotrotz kann eine Automatisierung von Teilprozessen, in einem Unternehmen eine steigende Effizienz vorweisen.

Im modellierten und beschriebenen Geschäftsprozess erkennt man anfangs, wo die Unterlagen des Forderungskaufs einzeln an das Customer Relationship Management weitergeleitet werden, dass keine Automatisierung vorhanden ist, sondern an einigen Stelle noch manuelle Handarbeit zu erledigen sind. Sowie auch bei den einzelnen Prüfungen des Konditionsvertrages auf Vollständigkeit fehlt ein gewisser Automatisierungsgrad. Daraus könnte man die Schlussfolgerung aufstellen, dass dies oft ein Grund für fehlende Unterlagen und fehlende Angaben im Vertrag sein kann. Was wiederum natürlich zu einer Nachbesserung führt. Das die Folge daraus eine längere Durchlaufzeit darstellt und auch den Personaleinsatz erhöht, bestätigt die Schwachstelle der Doppelarbeit. Zusammenfassend kann man sagen, dass der Prozesszyklus kostenintensiver, langsamer, ineffizienter und natürlich fehleranfälliger wird, desto mehr dieser in manuelle Handarbeit ausgeführt wird.

4.2 erarbeitete Optimierungen

Durch die festgestellten Schwachstellen, wurden nun die dafür notwendigen Optimierungen aus-
gearbeitet. Dadurch sollte der Geschäftsprozess schlanker, effizienter und mit einer geringeren
Fehleranfälligkeit durchführbar sein.

4.2.1 Parallelisierung

Durch die vielen Stellen, an welchen eine Doppelarbeit geleistet wird, ist es hinsichtlich der
Durchlaufzeit von großer Bedeutung, dass die Tätigkeiten, die auch in einer parallelen Bearbeitung geleistet werden können, entsprechend parallel getätigt werden. Derartige Doppelarbeiten
sind im modellierten und beschriebenen Geschäftsprozess bei der doppelten Prüfung des Konditionsvertrages erkennbar. Dort ist ein deutliches Optimierungspotenzial versteckt.

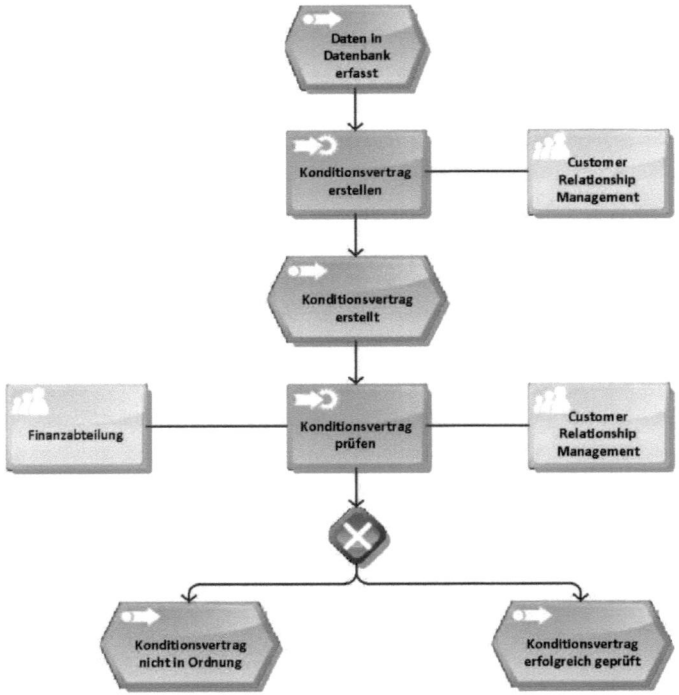

Abbildung 4: Paralysieren zweier Arbeitsabläufe (eigene Abbildung)

In der vorstehenden Abbildung wird die Optimierung der Doppelarbeiten dargestellt. Die Tätigkeiten der Prüfung des Konditionsvertrages wird in einem paralisierten Ablauf dargestellt. Dadurch wird die Gesamtdurchlaufzeit des Prozesses reduziert. Zu erwähnen ist natürlich, dass durch die fehlende Doppelprüfung auch Fehler entstehen und somit unerkannt bleiben können. Die Durchlaufzeit und somit die Effizienz des Geschäftsprozesses, wird erheblich verbessert.

4.2.2 Quality-Level-Agreement

Das Quality-Level-Agreement stellt eine weiter Methode zur Optimierung dar. Aus zwei Prüfungen von zwei Organisationseinheiten, sollte eine Prüfung durch eine Organisationseinheit werden. Durch das Quality-Level-Agreement, werden die Richtlinien und die gemeinsam erarbeiteten Standards beschrieben, nach welchen eine entsprechende Prüfung des Konditionsvertrages stattfinden muss. Dies sollte sicherstellen, dass die vorherigen zwei Organisationseinheiten nicht durch unterschiedliche Kriterien geprüft haben und dadurch alle vorhandenen Fehler des Konditionsvertrages ausmerzen konnten. Nun werden die Kriterien zusammengetragen und daraus eine festgelegte Richtlinie erstellt.

Diese Methode kann im modellierten und beschriebenen Geschäftsprozess bei der Prüfung des Konditionsvertrages stattfinden. Wie aus Abbildung 4 ersichtlich ist, liegt hier nicht nur eine Doppelarbeit vor, sondern auch ein Organisationsübergang. Demnach besteht hier ein riesiges Optimierungspotenzial. Aus der Abbildung ist das Potenzial dieser Optimierungsmethode deutlich erkennbar. Die Prüfung des neuerstellten Konditionsvertrages erfolgt in der Abbildung anhand der gemeinsamen Richtlinien. Gemeinsame Richtlinien können bei dieser Prüfung beispielsweise " Bewertung des Scorewertes zur Einstufung des Kaufpreises" darstellen. Die Prüfung erfolgt sodann durch das Customer Relationship Management. Hierbei wird die Organisationseinheit Finanzabteilung rausgenommen. Eine derartige Eliminierung stellt sich als erfolgreicher dar, da die Finanzabteilung in diesem Prozess nicht essenziell beteiligt sein muss. Es handelt sich hierbei um das Tagesgeschäft, welches nicht bei jedem einzelnen Forderungskauf bis zur Finanzabteilung gereicht werden muss.

Durch das Minimieren des Weiterleiten der Informationen zwischen den Abteilungen, wird auch die menschliche Fehlerquote reduziert und der Geschäftsprozess vereinfacht. Durch die gemeinsam abgestimmten Richtlinien, wurde eine komplexe Doppelprüfung durch zwei Organisationseinheiten zu einer Prüfung durch eine Organisationseinheit optimiert. Mit einer erheblichen Kürzung der Durchlaufzeit ist zu rechnen.

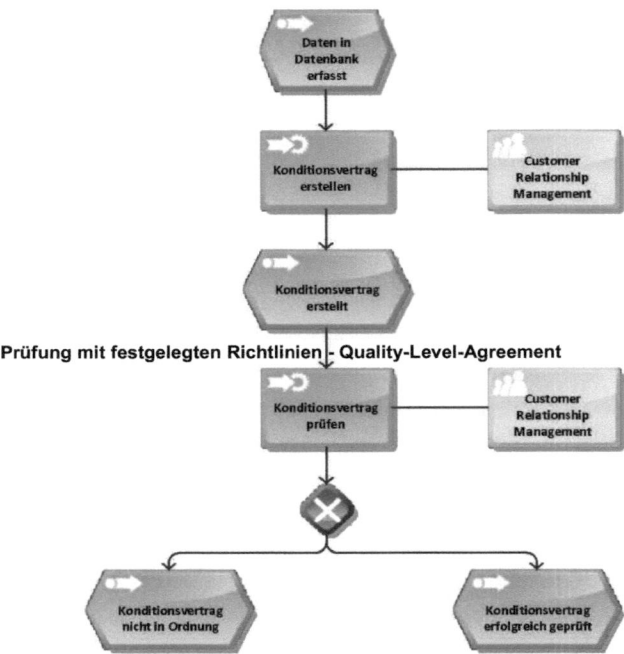

Prüfung mit festgelegten Richtlinien - Quality-Level-Agreement

Abbildung 5: Quality-Level-Agreement - Prüfung mit festgelegten Richtlinien (eigene Abbildung)

4.2.3 Erhöhung des Automatisierungsgrades

Die fehlenden Automatisierungen welche zu Schwachstellen im Gechäftsprozess führen, wurden bereits erarbeitet. Um diese Schwachstelle zu beseitigen, gibt es Möglichkeiten, einzelne Teilprozesse im modellierten und beschriebenen Geschäftsprozess zu automatisieren.

Bei der Prüfung des Konditionsvertrages bestimmen wenige jedoch gewisse Kriterien den Vertragsinhalt und die entsprechende Konditionsfindung. Die erarbeiteten Richtlinien im Quality-Level-Agreement beinhalten diese Kriterien. Aufgrund der Erfahrungswerte aus der manuellen Handarbeit und die ausgewerteten Daten aus der Datenbank, lassen sich die essenziellen Merkmale feststellen. Bei der Implementierung eines IT-Systems, welches aus den Erfahrungswerten der Vergangenheit, die Merkmale und Kriterien selectiert, kann ein vorgefertigter Konditionsvertrag mit entsprechenden Textbausteinen zusammen gestellt werden. Sodass bei der Erstellung von diesem Konditionsvertrag lediglich die Daten in der Datenbank erfasst werden und hieraus wird ein vollständiger Konditionsvertrag erstellt. Die rechtlichen Vertragsbedingungen sind immer identisch. Die unterschiedlichen Daten wie Anrede und Anschrift des Vertragspartners, der Forderungsgrund sowie die Forderungshohe sind unterschiedlich und werden durch das IT-System aus der Datenbank gezogen. Die Prüfung des Endresultates erfolgt sodann durch das Customer Relationship Management. Somit werden die menschlichen Routinefehler umgangen und es erfolgt eine Prüfung des Konditionsvertrages durch eine Organisationseinheit. Dieser Automatisierungsgrad erleichtert das Vertragsmanagement ungemein. Des weiteren sollte das IT-System so flexibel gestaltet sein, dass verschiedenen Kriterien hinterlegt und erkannt werden können. Solche Kriterien sind beispielsweise: Forderungsalter, Forderungshöht, Forderungsgrund, Alter des Schuldners und ob es sich bereits um eine titulierte Forderung handelt. Um auch in der Zukunft flexibler zu werden, können die Konditionsmodelle angepasst werden, indem man im IT-System einfach eine andere Wertung der unterschiedlichen Kriterien hinterlegt. Sodass auch die Kaufpreis Berechnung den Umwelteinflüssen angepasst werden kann.

Eine weitere Automatisierung im Forderungskauf, welche zu einer effizienteren Bearbeitung und einer schnelleren Durchlaufzeit führt, stellt das Blocken von Kaufanfragen dar.
So werden beispielsweise nicht stündlich oder täglich die Aufträge an das Customer Relationship Management weitergeleitet, sondern nur in gewissen Abständen. Je nach Auftragsaufkommen kann dies im zwei tägigen Rhythmus erfolgen. So wir festgelegt, dass Montags, Mittwochs und Freitags der Forderungskauf im Unternehmen durchgeführt wird. Durch das Implementieren des IT-Systems, können die Daten im zwei Tages Takt erfasst werden und die Verträge werden dann automatisiert erstellt. Dies erhöht auch die Servicequalität am Telefon, da eine verlässliche Zusage geben werden kann, wann der Mandant mit einer Rückmeldung und eines Konditionsvertrages zu rechnen hat. Diese Optimierung führt zu einer Kapazitätsentlastung und einer kürzeren Durchlaufzeit. In der nachstehenden Abbildung 5 ist die grafische Darstellung dieser Optimierung modelliert.

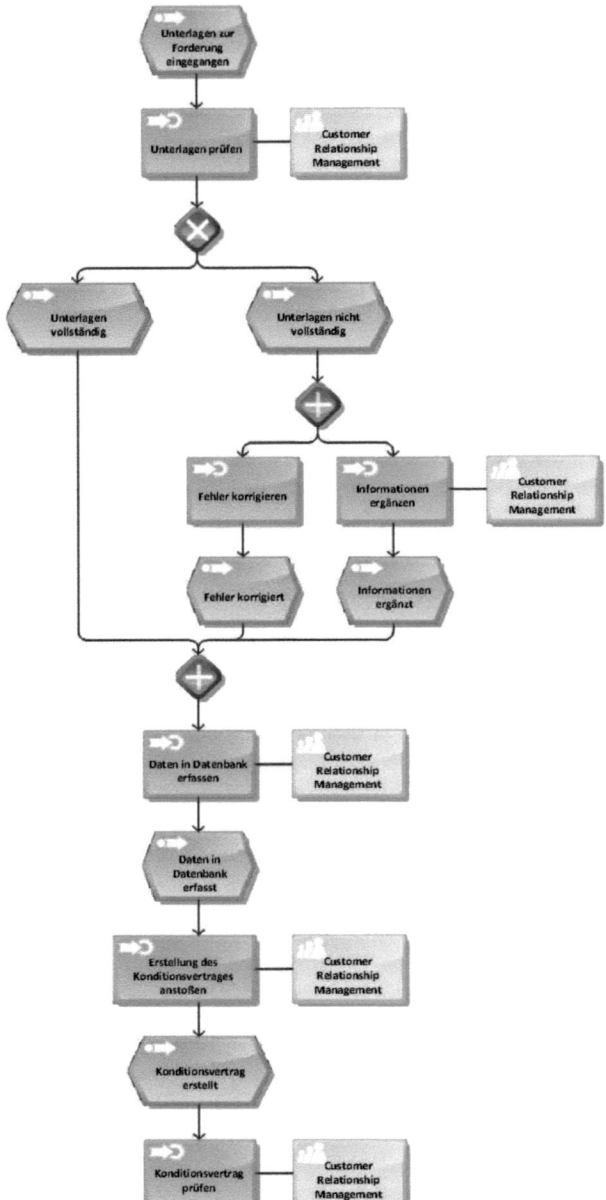

Abbildung 6: Optimierung durch Automatisierung (eigene Abbildung)

5.   Fazit

In dieser Studienarbeit wurde ein Geschäftsprozess modeliert und beschrieben, welche in der Branche des Forderungsmanagement ein Prozess des Tagesgeschäft darstellt. Mit Hilfe der EPK wurden die Schwachstellen erörtert und die entspechenden Optimierungen erarbeitet. Für eine solche Schwachstellenanalyse ist die EPK eine sehr hilfreiche Methode, um einen Geschäftsprozess übersichtlich darzustellen und entsprechend damit zu arbeiten. Somit konnten die Schwachstellen analysiert werden und die notwendigen Optimierungen gegen die überflüssige Doppelarbeiten, die schwierigen Organisationsübergänge und die fehlende Automatisierung in dem Geschäftsprozess erkannt werden. Durch die gezielten Optimierungen wurden die Schwachstellen verbessert oder gar eliminiert. Die erarbeiteten Optimierungen beinhalteten die Parallelisierung von Arbeitsschritten, die Automatisierung sowie die Prüfung auf gemeinsame Richtlinien (Quality-Level-Agreement). Die Collectia GmbH kann durch diese Optimierungen Kosten einsparen, den Personaleinsatz veringern und die Durchlaufzeiten eines Abwicklungskaufes reduzieren. Somit wurde der gesamte Geschäftsprozess effizienter gestaltet. Das die Geschäftsprozessmodellierungen in den Unternehmen heute bereits einen hohen Stellenwert besitzt, hat die Geschäftsprozessanalyse verdeutlicht. Dabei diente die EPK als objektorientiertes Modellierungsmodell, welches jedoch mit steigender Komplexität der zu modellierenden Geschäftsprozesse, an ihre Grenzen kommt. Es spielt jedoch nicht nur die Größe oder die Branche eines Geschäftsprozess eine Rolle, sondern auch die Umwelteinflüsse und dessen Reaktionen. Durch ständige Änderungen der Gesetzeslage, neue Reformen und Belegschaftsveränderungen müssen kontinuirlich berücksichtigt werden. Daraus lässt sich erkennen, dass ein Geschäftsprozess nicht einmalig modelliert werden kann, sondern dieser ständige Nachbesserungen und Anpassungen unterzogen werden muss, um die gewünschte Effizienz aufrecht erhalten zu können. Sonst bleiben unerkannte Schwachstellen unendeckt, können nicht behoben werden, und die Ineffizienz im Unternehmen steigt wieder an.

Harmon berichtete bereits im Jahr 2012 von einer Studie aus der USA namens " *The State of Business Process Management*", welche die Unternehmen über die Pflege deren Geschäftsprozesse befragte. Hier wurden 399 Unternehmen zu deren Geschäftsprozessmanagement befragt. Die Studie zeigt, dass die Prozessemodelle verwendet werden, um die Geschäftsprozesse zu beschreiben und diese zu benutzen. Es war allerdings gut zu beobachten, dass die Schwierigkeiten mehr mehr in der kontinuierlichen Pflege der Geschäftsprozesse liegt, anstatt in der einmaligen Dokumentation. Nur fünf % der Teilnehmer gab an, dass deren Pflege der erstellten Geschäftsprozesse regelmäßig und kontinuierlich durchgeführt werden. Da in jedem Unternehmen die Effizienz die oberste Priorität darstellt, erscheint dieses Ergebniss eher verwunderlich.[9]

---

[9] Harmon (2012) - Business Process Trends

Anhang 1

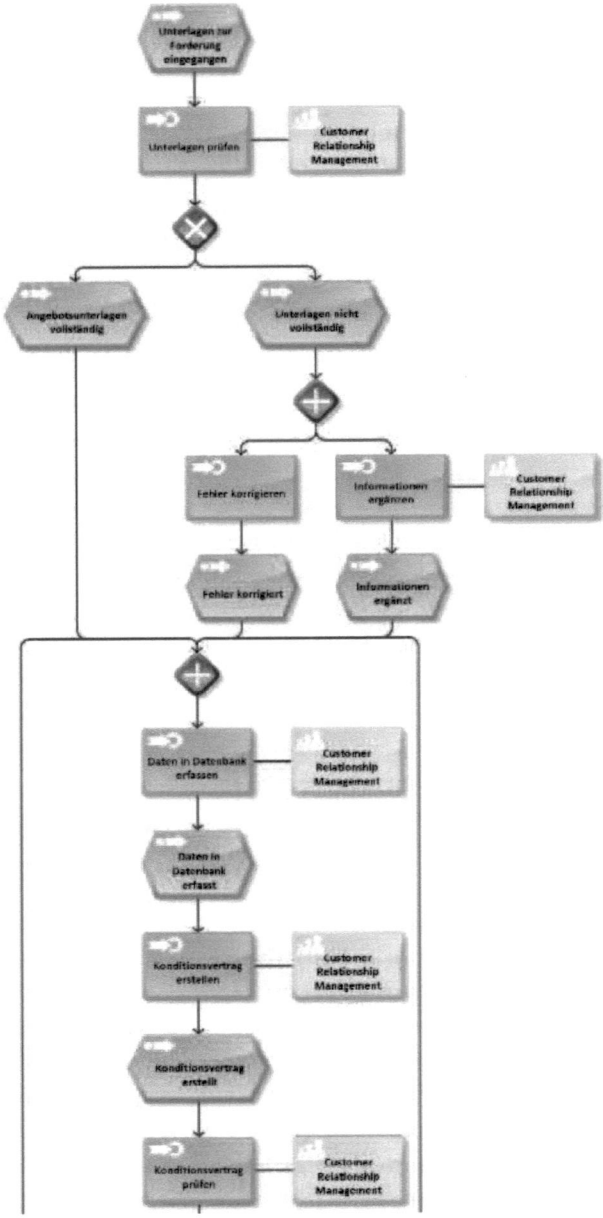

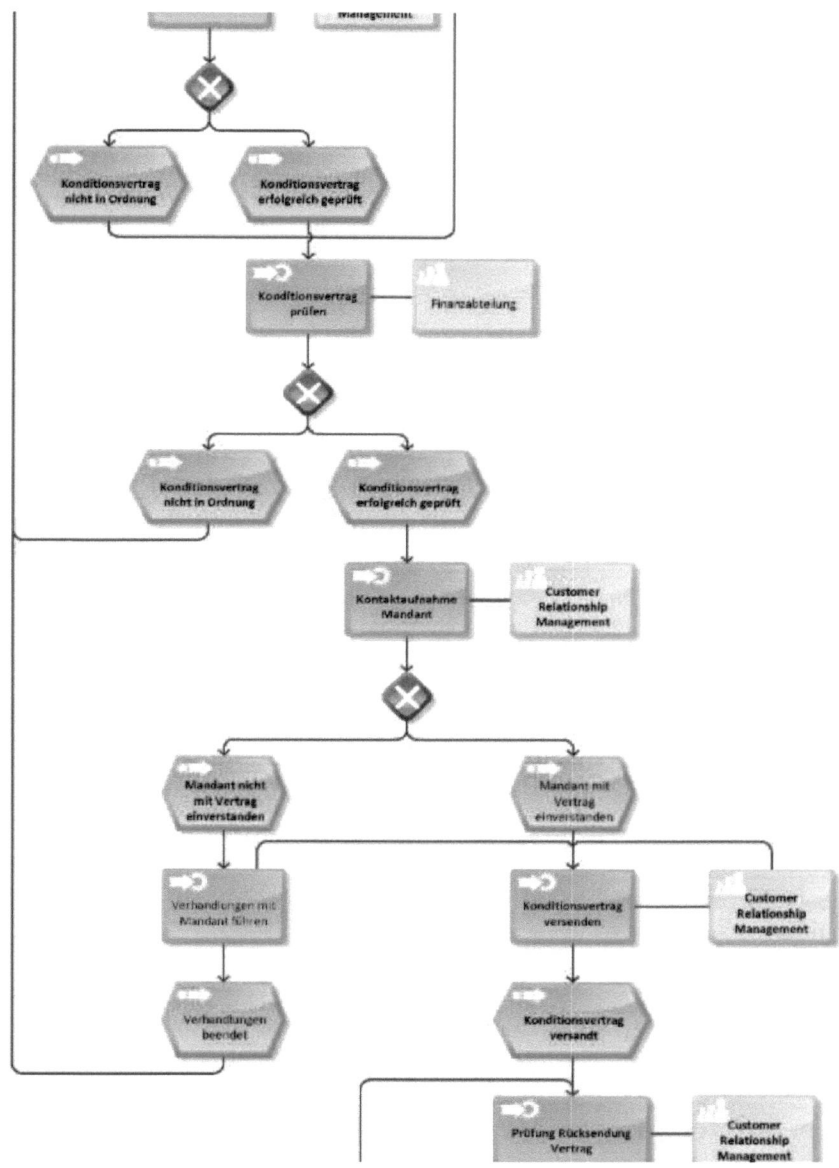

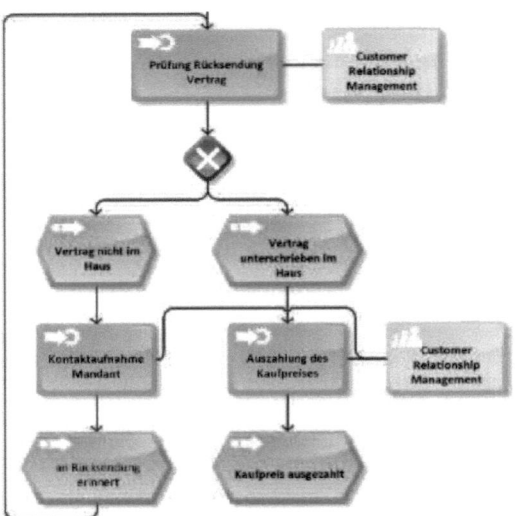

Anhang 2

Checkliste zur Schwachstellenanalyse - wo sehen Sie Optimierungsbedarf?[36]					
Bitte schätzen Sie für den Prozess bzw. für dessen einzelne Schritte ein, *ob die nachfolgend aufgeführten Schwachstellen im Einzelnen zutreffen oder nicht.*	Reibungslos		Schwachstelle		Welche Aktivi-tät/Teilprozess ist davon betroffen?
Verwenden Sie dabei die vorgegebene Bewertungsskala. *Notieren sie bitte daneben, welcher Teil des Prozesses hiervon betroffen ist.*	1	2	3	4	
1. Ergebnis des Prozesses					
1.1 Werden die erstellten Ergebnisse von den Empfängern wirklich benötigt und sind die Kosten für ihre Erstellung bekannt?					
1.2 Sind die im Prozess erzielten Ergebnisse vollständig?					
1.3 Werden die richtigen Ergebnisse erzielt?					
1.4 Haben die Beteiligten die gleichen Ziele vor Augen?					
1.5 Ist das Endergebnis und sind die Zwischenergebnisse klar beschrieben?					
1.6 Sind die Anforderungen der Abnehmer und der weiteren Interessengruppen be-kannt? Ist transparent, wie die unterschiedlichen Anforderungen gegeneinander abgewogen werden?					
1.7 Sind Kunden mit einem (Teil-) Prozess unzufrieden? Ursache?					

---

[36] In Anlehnung einer Zusammenstellung von Siegler, D.; Stadt Frankfurt entwickelt aus: Freund, J., Götzer, K.: Vom Geschäftsprozess zum Workflow, München 2008

Literaturverzeichnis

Harmon C. W. - Business Process Trends (2012)

Allweyer T. - *Geschäftsprozessmanagement (2005)*

Davenport T. H. - Harvard Business Press (1993)

BaFin - https://www.bafin.de/SharedDocs/Veroeffentlichungen/DE/Rundschreibe
n/2017/rs_1709_marisk_ba.html (2017)
 - abgerufen am 07.06.2021

Tödtmann, C. https://www.handelsblatt.com/unternehmen/management/
produktivitaetsstudie-zeitverschwendung-als-programm-seite-2/2684782-
2.html?ticket=ST-10434358-zYbO77zj24hvcqRyrsAM-ap3 (2006)
- abgerufen am 06.06.2021

Abkürzungsverzeichnis

EPK   Ereignisgesteuerte Prozesskette

ARIS   Architektur Integrierter Informationssysteme

BAFIN   Bundesamt für Finanzdienstleistungsaufsicht

eEPK   Erweitertete ereignisgesteuerte Prozesskette

Abbildungsverzeichnis